VALERIO SPINACI

VISTO ASSICURATO

Manuale Pratico Per Ottenere Un Visto E Trasferirsi Senza Rischi Negli U.S.A.

Titolo

"VISTO ASSICURATO"

Autore

Valerio Spinaci

Editore

Bruno Editore

Sito internet

http://www.vistoassicurato.com

Sommario

Introduzione

Sono davvero felice che stai leggendo questo libro, in quanto probabilmente vivrai le stesse emozioni che ho provato anche io quando ho iniziato a pensare di trasferirmi in America.

"Investire in un'attività redditizia che ti permetta di trasferirti negli Stati Uniti e vivere l'esperienza del sogno americano".

A molti può sembrare impossibile o quasi, ma dopo aver aiutato centinaia di persone provenienti da tutti i paesi del mondo, posso dire con certezza che qui per tutti c'è una possibilità concreta di riuscita.

Da anni, i miei clienti mi chiamano per sapere come ottenere facilmente un Visto. In particolare, in seguito all'elezione di Donald Trump, in molti si sono preoccupati perché sembra più difficile riuscire a entrare negli Stati Uniti.

Per questo, ho deciso di scrivere un libro che affronti in maniera semplice ma esaustiva il processo necessario per ottenere un visto di ingresso in America, e le principali questioni giuridiche che un immigrato può incontrare dopo il suo arrivo negli Stati Uniti.

Così nascono queste pagine che stai leggendo, per suggerirti tutti gli strumenti a tua disposizione per trasferirti negli Stati Uniti, e spiegarti in maniera specifica come si può ottenere in maniera semplice e sicura un visto da investitore, nel rispetto di tutte le norme legali ed etiche dell'ordinamento americano.

Il visto da investitore è senza dubbio la categoria di visto più richiesta dai miei clienti – soprattutto Europei e Sudamericani – che vogliono investire e trasferirsi negli USA.

La città più gettonata per questa tipologia di visto è sicuramente Miami per la più facile accessibilità in termini di costi di avviamento di un'attività rispetto a New York, e diciamocelo, probabilmente anche e soprattutto per il clima e la straordinaria qualità di vita.

Nel primo capitolo ti racconterò lo stato attuale e i principi della legge sull'immigrazione in America, aiutandoti a capire perché è oggi il miglior posto dove investire.

Nel secondo capitolo faremo un'analisi dei visti disponibili, di come scegliere quello che fa al caso tuo e quali sono i pro e i contro di richiedere un visto anziché un altro.

Nel terzo capitolo ti spiegherò i requisiti per richiedere un visto di lavoro e ti darò alcuni consigli su come trovare uno sponsor.

Nel quarto capitolo vedremo nei dettagli come ottenere un visto da investitore, e i vari passaggi del processo di approvazione. Ti illustrerò anche come scegliere un investimento, e quali sono i migliori per garantirti l'ottenimento del visto. Ti racconterò inoltre alcuni casi concreti di clienti che si sono felicemente trasferiti negli Stati Uniti.

Poi, nel quinto capitolo ti descriverò gli errori da evitare e le migliori strategie per l'ottenimento del visto.

Sono proprio queste strategie e il quantitativo di successi ottenuti, che hanno reso famoso il metodo del mio studio e permesso la nascita dell'offerta soddisfatto o rimborsato, che presenteremo nel sesto capitolo.

Buona lettura.

Capitolo 1:
Perché trasferirsi in America

Questo libro è stato scritto per te, per spiegarti passo dopo passo come trasferirti e fare affari negli Stati Uniti.

Dopo aver fatto esperienza in alcuni dei più grandi e rinomati studi legali, diversi anni fa ho deciso di dedicarmi alla libera professione per poter scegliere i clienti con cui lavorare, poter organizzare il mio tempo e quindi godere al massimo della libertà offerta dalla professione di avvocato.

Negli anni successivi ho avuto immense soddisfazioni nel campo del diritto dell'immigrazione e degli investimenti, soprattutto nel settore immobiliare. Ho avuto la fortuna di rappresentare alcune delle persone più straordinarie che io abbia mai conosciuto, persone brillanti e di successo, spesso leader nel proprio settore di attività. Tutte queste persone avevano in comune due cose: l'atteggiamento giusto e il desiderio di venire negli Stati Uniti.

Indipendentemente dal loro livello di successo, e dal metro di valutarlo – se in milioni di Euro, milioni di followers, o milioni di persone alle quali hanno cambiato la vita in meglio – tutti avevano la consapevolezza, e in alcuni casi addirittura la certezza, che l'America è il più grande mercato al mondo. Non solo in termini numerici, oggettivamente e facilmente riscontrabili, ma in termini culturali.

Infatti, a prescindere dalla nazionalità e dal livello di educazione, tutti sono d'accordo che in America si viene per lavorare, per avere successo, per fare affari. Non per niente il sogno americano consiste nella speranza che attraverso il duro lavoro, il coraggio e la determinazione sia possibile raggiungere un migliore tenore di vita, il successo e la prosperità. Basta crederci.

Ecco, questo libro è per tutti noi, per chi crede nel sogno americano e negli Stati Uniti D'America: una grande nazione costruita e tutt'oggi costituita da immigrati di tutto il mondo. Queste pagine sono state scritte per sfatare i diversi miti edificatisi nel corso degli anni, ad esempio che l'America non sia accessibile, o peggio, sia accessibile solo per i più benestanti.

Con questo libro voglio proprio guidarti per mano fino al raggiungimento del tuo obiettivo, ovvero quello di trasferirti qui in America e con l'atteggiamento giusto ottenere tutti i successi che vorrai e saprai meritarti.

L'atteggiamento giusto è certamente una delle parti più importanti per avere successo. Tutte le persone che hanno ottenuto risultati nella vita concordano che il successo non si realizza in un attimo, e che non è questione di fortuna.

Uno dei migliori coach al mondo, che guarda caso è americano, Anthony Robbins, sostiene che «la fortuna si manifesta quando la preparazione incontra l'opportunità».

In realtà la frase originale l'avrebbe scritta Seneca, qualche migliaio di anni fa.

Tony l'ha fatta diventare famosa, aggiungendo una parte fondamentale, ovvero che «l'opportunità è sempre in attesa». Quindi, quello su cui dobbiamo lavorare per ottenere risultati e raggiungere il successo è la nostra preparazione.

Pensaci bene. Tutto ciò che oggi ti sembra facile, in un momento della tua vita era quasi impensabile da realizzare. L'esempio più comune? Imparare a camminare.

All'inizio un neonato non sa come reggersi in piedi. Quando vede i suoi simili camminare, il suo cervello inizia a credere che sia possibile. Quindi prova a fare dei tentativi. Cade e si rialza. L'incoraggiamento da parte dei genitori e delle persone intorno è una parte fondamentale. Finché arriva il momento in cui il piccolo muove i primi passi da solo. E poco tempo dopo, qualcosa che sembrava così difficile diventa una parte naturale della vita.

Per cui, a tutti quelli che si chiedono se sia possibile arrivare negli Stati Uniti e avere successo, rispondo con la storia di Roger Bannister.

Fino al 1954, la comunità scientifica mondiale riteneva impossibile per un uomo correre un miglio (1.6km) in meno di 4 minuti. Secondo i massimi esperti mondiali, i tendini, i muscoli, le ossa, e la struttura fisica in generale non potevano permetterlo.

Tuttavia, il 6 maggio 1954, dopo molti mesi di preparazione Roger Bannister sorprese tutti, correndo un miglio in 3 minuti e 58 secondi. Il suo fu un risultato assolutamente straordinario.

Ma il fatto più interessante è che nei 12 mesi successivi decine di corridori raggiunsero lo stesso risultato, risultato che per migliaia di anni non era stato mai raggiunto. Solo 46 giorni dopo, il finlandese John Landy migliorò quel tempo. Oggi questo tipo di "muro" è superato dai migliori atleti delle scuole superiori.

Questa storia è solo una delle innumerevoli dimostrazioni di come alcuni limiti all'apparenza oggettivi, in realtà sono solo ostacoli che creati dalla nostra mente, o dalle persone intorno a noi. Ostacoli che sembrano talmente insormontabili che non proviamo nemmeno ad affrontare. Superare un limite, non solo migliora la nostra vita, ma può generare nuove opportunità per centinaia di migliaia di altre persone.

Io sono arrivato in Florida grazie a una borsa di studio per prendere la seconda laurea in legge, circa dieci anni fa. Avevo quasi concluso il percorso per ottenere quella in Giurisprudenza a Roma e a momenti avrei dovuto discutere la mia tesi di laurea quando si è presentata l'opportunità.

Nel mio caso, l'opportunità è arrivata sotto forma di conferenza. Il tema era *Come trasferirsi in Florida e prendere il doppio titolo di laurea*. Tema a prima vista interessante ma che, per chi è a sei giorni di distanza dalla fine di cinque anni di studi universitari in Italia, può suonare un poco assurdo.

Non laurearsi. Rimandare la discussione della tesi a data da destinarsi. Passare un test di qualificazione (in inglese) per partecipare. Trasferirsi per anni in un altro paese e continuare gli studi invece che iniziare a lavorare. Con tutti, dai familiari, agli amici, ai professori, che ti dicono: «È pura follia».

L'immagine di intraprendere un'altra esperienza all'estero suscitava dentro molte sensazioni, alcune negative e altre molto positive. Mi spaventava un poco rimanere per diversi mesi così lontano da casa, e allo stesso tempo mi incuriosiva l'idea di conoscere un nuovo paese, una nuova cultura e nuove persone con cui comunicare in una lingua diversa dalla mia.

14

Dopo un intero fine settimana passato a valutare i pro e i contro della scelta, mi sono concentrato sull'opportunità irripetibile che avevo davanti, e ho pensato: "Cosa ho da perdere?". Allora ho iniziato la preparazione.

Ho rimandato la discussione della tesi, ho iniziato a studiare inglese tutti i giorni, ho passato la selezione e finalmente ottenuto la borsa di studio per l'università americana, qualificandomi così per il primo visto che ho mai ricevuto per entrare negli USA.

Grazie a questa opportunità e alla giusta preparazione, sono stato davvero fortunato. In Italia non sarei mai riuscito a realizzare tutto quello che ho realizzato in pochi anni negli States, o forse ci avrei messo il triplo del tempo. Ne ero convinto allora e ora posso dire, confrontandomi con le esperienze di miei colleghi e di altri giovani professionisti che i fatti mi hanno dato ragione.

Con un PIL (Prodotto Interno Lordo) di circa $20 trillion dollars ($20,000,000,000,000), pari a un quarto del totale mondiale, gli Stati Uniti sono il primo mercato al mondo. Oggi tutte le più grandi compagnie del pianeta sono Americane. Pensa ad Apple, Google, Microsoft, Amazon, Facebook, Netflix.

Le migliori tecnologie sono anch'esse state sviluppate – o acquistate – dagli americani. Intelligenze artificiali. Macchine che si guidano da sole. Robot che sono in grado di intrattenere una conversazione e rispondere a domande esistenziali. Vedendolo da qui, il futuro sembra già passato.

Le più innovative start-up trovano in America un ecosistema senza pari, insieme a strumenti di supporto numerosi, pensiamo soltanto alle figure degli *angel investors* o delle società di *venture capital*. Ma quali sono le caratteristiche fondamentali che rendono possibile questa eccellenza?

In primis, il sistema americano è fondato sui principi della libertà contrattuale e della fiducia nel sistema di risoluzione delle controversie.

Questo vuol dire che il governo interferisce il meno possibile nella vita quotidiana di chi lavora o fa affari. Ad esempio, in Italia la legge prevede che per costituire una società o fare qualunque operazione societaria bisogna recarsi dal notaio, con procedure formali e molto costose.

In America, invece, puoi aprire una società in pochissimo tempo e senza necessariamente dover pubblicare nel registro delle imprese chi sono i soci, in quanto lo stato lascia ai soci stessi la definizione dei loro rapporti interni. Quasi tutti i servizi sono disponibili online. Anche grazie all'attività degli avvocati, che sono sempre alla ricerca di come migliorarlo, il sistema è in continua evoluzione e il fatto che funzioni lascia automaticamente spazio alla meritocrazia.

Mentre chi si dà da fare, avvia un'impresa o lavora sodo viene compensato profumatamente, chi non rispetta le regole viene spesso punito e quasi sempre escluso dai benefici che il sistema potrebbe offrirgli.

Allo stesso tempo, negli Stati Uniti sei sicuro che se offri un ottimo servizio i clienti ti manderanno i loro amici: con la stessa certezza che se lasci la macchina in divieto di sosta o sali sul treno senza biglietto sarai multato. Questo "ambiente", giuridico e culturale, facilita il fiorire di iniziative imprenditoriali e start-up innovative.

In Italia la situazione è molto diversa. La famosa eccellenza italiana, di cui tanto andiamo fieri, deve spesso trovare un nido fuori dal paese di origine. Quasi tutti i miei amici, specialmente quelli più brillanti, sono dovuti emigrare per crescere professionalmente. Ogni volta che ritorno in Italia scopro che altri due o tre amici d'infanzia si sono trasferiti all'estero. Molti sono venuti in America.

E nel frattempo la situazione in Italia sembra peggiorare. Tutti si lamentano di trovarla più sporca, corrotta, e mal governata che mai. Tuttavia, non sanno come fare o non possono far nulla per cambiarla.

Non puoi dare ad altri qualcosa che non hai. Vale per i soldi, per il tempo, ma anche per la cultura del merito. Se anche tu pensi che potresti contribuire di più allo sviluppo della società in cui viviamo; se senti che stai lavorando al di sotto delle tue capacità, o che meriteresti di più per le tue competenze, gli Stati Uniti sono il posto per te.

In un Paese che più di ogni altro riconosce e promuove il talento e il merito, è possibile avere successo diventando allo stesso tempo un ambasciatore dell'eccellenza del tuo paese.

Se conosci qualcuno che si è trasferito in America, probabilmente hai già avuto modo di ascoltare molti racconti sulle differenze culturali, e hai potuto vedere con i tuoi occhi quanto chi vive negli Stati Uniti cambi radicalmente il modo di pensare, e anche quello di agire.

Alcuni ti diranno che vivere negli USA è meraviglioso, altri che per qualche motivo non si sono trovati bene. Ci sarà chi avrà trovato un lavoro migliore di altri. Chi avrà avuto più o meno successo di altri. Ma tra le migliaia di persone a cui ho chiesto di condividere con me la propria esperienza, una sola cosa è comune a tutte. Nessuno sostiene che vivere in America è facile.

Per avere successo in America devi essere pronto a investire. Soldi, tempo, energie. Devi essere pronto ad aprire la mente a concetti nuovi, che a volte possono sembrarti molto diversi da quelli a cui sei abituato. Il vantaggio è che il tuo investimento può rendere di più che in qualsiasi altro Paese al mondo.

Per avere successo, infatti, basta prendere le decisioni giuste. E le decisioni giuste derivano dall'esperienza. L'esperienza, invece si fa grazie alle decisioni sbagliate.

L'importante allora è seguire gli esempi giusti e applicare le strategie di chi è riuscito a coronare il sogno americano ottenendo successo negli Stati Uniti. Nelle prossime pagine ti presenterò molti esempi concreti di persone normalissime che sono venute negli USA e hanno ottenuto risultati straordinari.

Tu ti affideresti a un chirurgo che non ha mai concluso un'operazione? Ovviamente no.

Allo stesso modo, la strategia migliore è quella di accelerare i tempi cercando di utilizzare le conoscenze di chi ha già fatto molti errori, e quindi molta esperienza, nel settore in cui vuoi operare.

RIEPILOGO DEL CAPITOLO 1:

- SEGRETO n. 1: La fortuna esiste quando la preparazione incontra l'opportunità. E l'opportunità è sempre fuori ad aspettare.
- SEGRETO n. 2: Segui l'esempio di chi ha avuto successo.

Capitolo 2:
Come immigrare legalmente negli Stati Uniti

Ma è davvero difficile come si pensa immigrare negli Stati Uniti? No, se rispetti le regole e ti affidi alle persone giuste. In questo capitolo capirai come esistano tanti modi diversi di entrare negli Stati Uniti legalmente. La legge dell'immigrazione americana è progettata per accettare circa un milione di nuovi migranti ogni anno, da ogni parte del mondo.

I tre pilastri del sistema di immigrazione sono: A) la famiglia, B) il lavoro o le abilità straordinarie e C) l'investimento in denaro.

A) Famiglia

Se sposi un cittadino americano, o hai un parente stretto in America, la legge ti permette di ottenere la residenza permanente – ovvero la Carta Verde, la famosa Green Card.

Per promuovere le famiglie, il governo americano ha stabilito una classe di visti basata sul grado di parentela esistente tra il cittadino americano e il richiedente. I visti appartenenti a questa classe sono per la maggior parte legati al grado della relazione familiare ed esiste un limite al numero massimo di visti concessi ogni anno. Solo i parenti stretti (genitori, figli, fratelli e coniugi) si qualificano. I parenti più lontani, quali cugini o zii, non hanno diritto a un visto.

Non ci sono limiti all'ammissione dei figli minori e dei coniugi di un cittadino americano (fintato che il matrimonio o l'adozione siano legittimi e non contratti solo ai fini di ottenere il visto).

Tuttavia, considerato il numero elevato delle richieste ricevute ogni anno, il processamento di un caso può avere tempistiche molto lunghe. Ad esempio, richiedere oggi un visto per fratelli e sorelle di un cittadino americano può richiedere fino a dieci anni, mentre il coniuge fino a due anni.

Il più conosciuto di questa classe di visti, anche per via dei numerosi film usciti sull'argomento, è sicuramente quello ottenuto per matrimonio. Questo visto è considerato il più facile da ottenere, in quanto basta presentare la prova del matrimonio e in qualche mese si otterrà il diritto di lavorare e di risiedere in maniera permanente negli Stati Uniti.

Molti dei miei clienti hanno ottenuto la Carta verde sposandosi con un cittadino americano. La procedura può richiedere diversi mesi (come dicevamo anche fino a due anni) per concludersi, ma già dopo i primi tre mesi dalla richiesta è possibile ottenere un permesso di lavoro che consentirà di ricevere il codice fiscale e quindi di poter iniziare a lavorare legalmente negli USA.

Il matrimonio con un cittadino Americano permette di ricevere il visto anche a quelle persone che sono rimaste per qualche tempo senza stato migratorio. Per questo motivo, viene spesso utilizzato da coloro che sono entrati in America senza un visto valido o che sono rimasti negli Stati Uniti dopo la scadenza del proprio visto.

In questi casi, è possibile aspettarsi un interrogatorio un po' più severo, in quanto gli ufficiali dell'immigrazione potrebbero credere che il matrimonio sia stato contratto solo per curare la mancanza di stato migratorio.

Ad esempio, un mio cliente si era innamorato di una ragazza americana. Dopo qualche tempo i due hanno deciso di sposarsi. Siccome non volevano separarsi, lui ha deciso di rimanere negli Stati Uniti direttamente richiedendo il cosiddetto "aggiustamento dello stato migratorio". Appena ricevuto il permesso di lavoro e il codice fiscale (c.d. Social Security Number) ha iniziato a lavorare.

Diversi mesi dopo è stato convocato per l'intervista presso l'ufficio di immigrazione di Miami, che gli ha rilasciato la Carta Verde. Il fatto che fosse rimasto qualche settimana senza stato migratorio è stato "curato" dal fatto che si era sposato con una cittadina americana.

L'unico requisito per prendere la Carta Verde grazie al matrimonio è quello di dimostrare che il matrimonio è reale e non è stato contratto solo allo scopo di defraudare l'ufficio di immigrazione e di avere i documenti a ogni costo.

C'è poi un ulteriore requisito che si applica a tutti i richiedenti, quello di poter provvedere alle proprie spese senza quindi dover gravare sulle finanze dello stato. In poche parole, chiunque richieda il visto per il coniuge deve dimostrare di guadagnare abbastanza per poter provvedere al suo mantenimento. Nel caso di matrimonio, il cittadino americano che faccia richiesta di visto per il suo coniuge, deve dimostrare di avere un salario di almeno $21,000.00.

A causa del crescente numero dei casi di frode, la legge prevede un controllo molto severo sull'autenticità del matrimonio. Pertanto, dopo una prima intervista il visto viene inizialmente rilasciato per un periodo di due anni, condizionato alla dimostrazione che i coniugi si fossero sposati in buona fede.

Dopo due anni, durante una seconda intervista, i richiedenti potranno dover dimostrare che il matrimonio fosse reale fin dall'inizio, ad esempio con prove di una vita insieme quali foto insieme, beni cointestati, etc. A quel punto la condizione sarà rimossa e il visto diventerà definitivo.

Oggi, la legge americana impedisce le discriminazioni sulla base dell'orientamento sessuale. Perciò anche i matrimoni tra persone omosessuali sono considerati validi, e danno diritto al coniuge di un cittadino/a americano/a dello stesso sesso di ricevere la Carta Verde.

Da quando la legge è cambiata, ho rappresentato diversi clienti che hanno richiesto la Carta Verde in questo modo, e il processo è esattamente identico.

È importante notare che il Dipartimento per l'Immigrazione è autorizzato a richiedere prove e informazioni al fine di individuare i matrimoni fraudolenti e ha recentemente intensificato i controlli.

Ad esempio, ai richiedenti posso essere richieste informazioni personali sul coniuge: dalla data del compleanno a chi si sveglia per primo, da come si sono conosciuti a quale parte del letto usano per dormire. Una risposta contraddittoria può essere considerata un segnale di allarme e giustificare un maggiore scrutinio.

Ricordo due miei che durante l'intervista – forse per l'emozione, o per non aver ben capito la domanda in inglese – avevano fornito informazioni poco precise rispetto al giorno in cui si erano conosciuti. Qualche settimana dopo, mentre aspettavano la risposta dell'immigrazione e la carta verde, i due hanno ricevuto un'ispezione a sorpresa di prima mattina. Infatti, due ufficiali dell'immigrazione si sono presentati nel loro appartamento con un mandato di perquisizione per controllare che il matrimonio non fosse fraudolento e che i due stessero vivendo davvero insieme nell'appartamento.

Ovviamente, poiché il matrimonio era in buona fede, gli ufficiali hanno trovato in casa tutti gli effetti personali dei due, insieme ai vestiti e alle loro foto insieme. Una volta superato con successo questo controllo, ai due è arrivata la Carta Verde nel giro di poche settimane.

Ricordate che è illegale per un avvocato aiutare una persona a commettere un crimine. Perciò, se l'avvocato sa che il matrimonio è stato contratto solo per prendere il visto, non potrà rappresentarvi per non rischiare di commettere una frode ai danni dello Stato.

B) Lavoro e abilità straordinarie

Se possiedi un titolo di studio avanzato, un'esperienza specializzata in un settore specifico o altre abilità straordinarie, gli Stati Uniti ti aprono le porte per venire a utilizzarle. In fondo, alla base della meritocrazia c'è proprio l'idea di premiare chi può creare valore per l'economia e per la nazione.

A seconda del livello di abilità posseduto, è possibile applicare da soli o attraverso uno sponsor americano.

L'esempio più tipico è quello di un Premio Nobel. Gli Stati Uniti hanno l'interesse ad attirare talenti e menti brillanti da tutto il mondo. Quindi, una persona che abbia raggiunto un livello di abilità tale da conseguire una simile onorificenza avrebbe quasi certamente la possibilità di ottenere un visto senza bisogno di avere uno sponsor.

Non serve però arrivare a ricevere un Nobel per ottenere la green card. A volte basta dimostrare di avere un riconoscimento internazionale e aver contribuito allo sviluppo del proprio campo di eccellenza.

Una mia cliente è una pianista eccezionale di fama mondiale. Barbara ha conseguito la Carta Verde dimostrando di avere abilità straordinarie come pianista, avendo suonato in tutto il mondo e contribuito allo sviluppo della musica componendo melodie originali e arrangiamenti di canzoni mai eseguite con il pianoforte.

A oggi, Barbara continua a comporre musica e a insegnare all'università, dove ha appena pubblicato un libro sulla incredibile storia di suo padre e di suo zio.

Mentre Barbara ha potuto applicare da sola per la Green Card grazie al suo curriculum, io ho avuto bisogno di uno sponsor americano. Nel 2015, ho ottenuto la carta verde tramite la preferenza dedicata a coloro che hanno abilità straordinarie o un titolo di studio avanzato.

Durante il processo di approvazione, iniziato quasi tre anni prima, ho dovuto dimostrare di aver conseguito due lauree, di parlare quattro lingue, di avere passato l'esame di avvocato in cinque Stati (Florida, California, New York e New Jersey oltre che in Italia) e di poter svolgere un lavoro per il quale non fosse possibile assumere dei lavoratori americani. Inoltre, il mio sponsor, lo studio legale Finizio Law Group, dovette dimostrare di avere entrate sufficienti a pagare il mio stipendio.

Qualunque sia la vostra situazione, se avete un titolo di studi avanzati, molti anni di esperienza, o alcune abilità straordinarie riconosciute a livello internazionale, potrete probabilmente trovare una via d'accesso facilitata ad un visto o alla residenza permanente.

C) Denaro

La legge consente di ricevere un visto, o addirittura la residenza, a chi investe abbastanza soldi negli Stati Uniti per creare posti di lavoro.

In maniera ancora più diretta rispetto alla seconda fattispecie, e considerato l'interesse degli Stati Uniti a essere il primo mercato di capitali al mondo, un investimento diretto in denaro può portare direttamente all'ottenimento di un visto.

Quanto occorre investire? Somme diverse possono dare accesso a diverse tipologie di visto. Ad esempio, mentre per richiedere la Carta Verde è necessario un investimento di oltre $900,000 e la creazione (diretta o indiretta) di dieci posti di lavoro, per ricevere un visto temporaneo (c.d. da non immigrante) basta molto meno – circa $100,000.

Di questo comunque parleremo in maniera più approfondita e più completa nel quarto capitolo, che sarà tutto quanto dedicato ai visti ottenuti attraverso un investimento.

Fatta questa premessa, bisogna tenere presente che ci sono molti tipi di visto, per cui non è possibile utilizzare la stessa ricetta per tutti, ed è molto importante ritagliare la strategia su misura caso per caso.

Per esempio, alcuni tipi di Visti possono essere ottenuti attraverso il Dipartimento dei Servizi d'Immigrazione e Naturalizzazione negli Stati Uniti. (USCIS). Altri visti sono invece rilasciati dall'Ambasciata Americana o dai Consolati nel paese di origine.

Per i visti c.d. "Temporanei", il candidato deve dimostrare che il suo intento è quello di fare ritorno al suo paese di origine una volta scaduto il visto. Nei visti "Permanenti" il candidato deve invece dimostrare di avere l'intento di voler trasferire la propria residenza negli Stati Uniti per un tempo indeterminato.

Esistono poi visti molto specifici, per professionisti, atleti, artisti, o persone che hanno avuto un grande successo fuori dagli Stati Uniti. La situazione personale e professionale nel paese di origine può determinare la qualifica per un determinato visto.

Di seguito riporto un elenco che ti aiuterà ad avere un'idea generale di tutte le classi di visti disponibili in ordine alfabetico.

Nome	Tipo di Visto	Durata
A-1, A-2, A-3	Diplomatico/Funzionario Ufficiale di un Governo Estero, con famiglia e personale di servizio.	Rinnovabile durante tutto il periodo di servizio con il governo straniero.
B-1	Visitatore temporaneo per viaggio d'affari	Intervalli di 6 mesi consecutivi
B-2	Visitatore temporaneo in vacanza.	Valida fino a un anno; sono consentite estensioni in specifici casi.
C-1	Viaggiatore straniero in transito.	Temporaneità per il massimo di 29 giorni.
D	Persone che sono parte di equipaggio di imbarcazione navale o di aero.	Temporaneità per il massimo di 29 giorni.
E-1	Persone che operano nel ramo del commercio e import / export, di beni o servizi tra il proprio paese d'origine e Stati Uniti.	Da 1 a 5 anni, con estensioni illimitate, purché l'attività sia ancora esistente (la durata dipende dalla reciprocità con il paese d'origine).
E-2	Investitori o dipendenti di investitori specializzati	Da 1-5 anni, con intervalli ed estensioni illimitate, purché l'attività sia ancora esistente
F-1	Studenti di ogni età.	Per la durata degli studi, come determinati dalla scuola
F-2	Coniuge e figli degli studenti.	Durata del soggiorno dello studente F-1.
G-1, G-2, G-3, G-4, G-5	Membro è riconosciuto del governo straniero, come diplomatici stranieri.	Durata in relazione alla funzione

H-1A	Infermieri stranieri che richiedono attestato dal datore di lavoro per ogni struttura che vi è la necessità per l'occupazione stessa ad un cantiere particolare	Il Segretario del Lavoro può rinunciare a tale condizione a sua discrezione.
H-1B	Lavoratori che vengono a svolgere una professione specializzata, ovvero per la quale sia richiesto un tiolo avanzato o che richieda molti anni di esperienza	Durata di tre anni con possibile estensione per altri tre anni con datore di lavoro uguali o diversi. Nota Bene: C'è un limite alla quota annuale dei visti disponibili.
H-2A	Per i lavoratori che vengono negli Stati Uniti per svolgere un lavoro agricolo o di natura temporanea o stagionale	
H-2B	Per i richiedenti che vengono negli Stati Uniti per eseguire lavori stagionali non agricoli	
H-3	Candidati stranieri alla ricerca di una formazione specializzata	Intervalli di 1 anno
H-4	Coniugi e figli minori di beneficiari di visto H	

I	Giornalista straniero	1 anno
J-1	Partecipante ad un programma di scambio culturale	Da 12 a 18 mesi a seconda del tipo di programma di scambio.
J-3	Coniuge e figli di un partecipante ad un programma di scambio	Durata del beneficiario principale del J1.
K-1	Fidanzata straniera o fidanzata di un cittadino americano	Richiedente ha 90 giorni per sposarsi.
K-2	Figli di una fidanzata straniera o fidanzata di un cittadino americano	Uguale a K1 Richiedente ha 90 giorni per sposarsi.
L-1	Dipendente Manager, dirigente o specializzato trasferiti ad una società collegata americana (affiliato, filiale, consociata, joint venture)	Da uno a tre anni con intervalli; estensioni fino a sette anni.
L-2	Coniuge dei figli di un dipendente trasferito	Uguale a L1
M-1	Per gli studenti che desiderano cercare una formazione professionale in un istituto di tecnologia	Per Gli Studenti Che desiderano cercare Una Formazione Professionale in Istituto di Tecnologia delle Nazioni Unite.
O-1	Persone con straordinarie abilità nelle scienze, arti,	Durata iniziale di 3 anni inizialmente con possibilità di estensione.

O-2	Accompagnatori di un richiedente di visto O1 che sono parte integrante della sua attività	Stessa durata O-1
O-3	Coniugi e figli di stranieri O1 e O2	Stessa durata O-1
P-1	Atleti riconosciuti a livello internazionale e artisti che hanno una residenza all'estero	
P-2	Atleti e intrattenitori in un programma di scambio reciproco	
P-3	Per gli artisti e animatori che cercano di entrare nell'ambito di un programma culturalmente unico	
P-4	Coniugi e figli di detentori di P1, P2 o P3	Massimo 5 anni.
Q	Partecipanti in un programma di scambio internazionale per formazione professionale, lavoro e condivisione di storia, cultura e tradizione del paese straniero	Massimo 15 mesi.

R	Stranieri che per gli ultimi due anni sono stati membri di una confessione religiosa senza scopo di lucro	Periodo massimo di 5 anni. Concessa inizialmente per un periodo di tre anni.

L'obiettivo di questo libro non è fare un'analisi di tutti i tipi di visto che ti ho appena descritto, in quanto alcuni di essi sono molto specifici e dedicati a persone con caratteristiche molto particolari.

Invece, voglio focalizzare la tua attenzione sui visti più richiesti, in quanto applicabili a tutti, e in particolare a quelli che vogliono venire negli Stati Uniti a lavorare o che vogliono investire in America.

RIEPILOGO DEL CAPITOLO 2:

- SEGRETO n. 1: Entrare negli USA è possibile attraverso la famiglia, il lavoro e le abilità straordinarie, o un investimento.
- SEGRETO n. 2: Scegli il visto più adatto a te.

Capitolo 3:

I visti di lavoro: come assicurarsi uno sponsor

È possibile per un cittadino straniero venire negli Stati Uniti a lavorare?

La risposta è affermativa quando sussistono tre presupposti: 1) un datore di lavoro americano (c.d. "sponsor"), 2) una posizione di lavoro qualificato (profilo oggettivo), e 3) il curriculum adatto (profilo soggettivo).

Considerata questa regola generale, vale la pena parlare brevemente di alcune categorie di visti che si applicano ai lavoratori, e che sono tra le più richieste dai nostri clienti.

H-1

Sei un lavoratore specializzato?

Potresti qualificarti per un visto H-1, che è dedicato ai lavoratori specializzati che hanno dei titoli o delle esperienze particolari.

Per qualificarsi per questo tipo di visto bisogna avere uno sponsor americano, ovvero un'azienda che abbia bisogno della tua presenza negli Stati Uniti. L'azienda deve dimostrare che la posizione è una posizione specializzata (ad esempio che richiede un particolare titolo di studi) e che tu hai i titoli o le competenze necessarie per svolgerla. Il visto ha una validità di tre anni ed è rinnovabile. Inoltre, è possibile richiedere la green card durante la durata del visto, qualora lo sponsor sia disposto a farne richiesta.

L'esempio tipico di questo tipo di visto è una persona che abbia appena completato un ciclo di educazione superiore negli Stati Uniti, ad esempio un master o una laurea di secondo grado, e venga assunto da un'azienda per svolgere un lavoro per il quale ci sia bisogno di un titolo particolare, come un ingegnere o un biologo.

Io stesso ho iniziato richiedendo questo tipo di visto come avvocato, prima di richiedere la carta verde. Lo studio legale per cui lavoravo mi ha sponsorizzato e ho dovuto presentare le prove che ci fosse bisogno di una laurea in legge e di una licenza per poter esercitare la professione.

Questo visto, che all'apparenza potrebbe sembrare facile da ottenere, ha purtroppo una nota negativa, per cui non sempre si rivela la scelta migliore. Infatti, esiste un limite di 65,000 visti che vengono rilasciati ogni anno.

Considerato che la media delle applicazioni ricevute negli ultimi anni è stata di 200,000 per anno, significa che poco più di un quarto dei candidati riesce a qualificarsi per prendere il visto, mentre il resto viene respinto attraverso un sistema casuale, diventando una vera e propria lotteria. Dunque, visto l'elevato rischio di rigetto, non sempre lo consiglio ai miei clienti, se vogliono essere sicuri al 100% di ottenere un visto.

Va tenuto presente, prima di passare alle altre soluzioni disponibili, che i detentori di un master hanno una maggiore possibilità di essere approvati, in quanto i primi 20,000 visti sono riservati a chi possiede un master. Poiché questi di 20,000 non sono quasi mai raggiunti, nel caso il candidato abbia conseguito un master o un diploma equivalente vale sempre la pena provare.

L-1

Sei l'esecutivo o il gestore di una società estera, e hai conoscenze specialistiche particolari? Se questo è il caso, ti potresti qualificare per il visto L-1.

Questo visto si applica ai trasferimenti all'interno di una società, che consente a una filiale americana (controllata, ramo d'azienda, affiliata o joint venture) di richiedere i servizi di un dipendente della società estera al fine di contribuire allo sviluppo della società esistente o di nuova costituzione.

Il requisito è che il lavoratore abbia lavorato per la compagnia estera per almeno un anno (negli ultimi tre anni) ricoprendo una funzione manageriale all'interno della struttura aziendale. Ovvero, non si può trasferire una segretaria o un magazziniere, ma solo managers o dirigenti.

Quali sono i vantaggi di questo visto? Il primo è che di solito viene rilasciato relativamente in fretta, in quanto il tempo di attesa non supera generalmente i due mesi. Ma il più importante è che questo visto può essere convertito in una carta verde qualora lo sponsor ne faccia richiesta. Si tratta di un visto che viene rilasciato inizialmente da uno a tre anni e può essere prorogato ogni anno fino a un periodo massimo di sette anni.

L'unico caso in cui bisogna fare attenzione è il fatto che se l'azienda americana è di nuova costituzione, l'immigrazione potrebbe rilasciare un visto temporaneo di un anno per assicurarsi che il business sia ancora attivo dopo un anno. Pertanto, alla fine del primo anno di attività bisognerà chiedere il rinnovo del visto e l'estensione dello stesso.

O-1

Se pensi di avere abilità straordinarie in un campo particolare di riferimento, il visto O-1 potrebbe fare al caso tuo.

Questo tipo di visto è dedicato alle persone che possono dimostrare di avere particolari capacità nelle arti, nell'educazione, nel business e nell'atletica.

Come fare a dimostrare di avere le abilità in questione? Basta aver raggiunto nel proprio campo un livello di successo tale da essere al di sopra della media, a tal punto che la persona che richiede il visto sia rinomata, riconosciuta e di riferimento nel proprio campo.

Per dimostrare questi si possono usare prove come articoli di giornale, lettere di raccomandazione, prove di ricevere un salario più alto della media, aver giudicato il lavoro degli altri, aver contribuito allo sviluppo del proprio campo, e così via.

La cosa che accomuna questo visto agli altri descritti in questo capitolo, è che il richiedente avrà bisogno di uno sponsor americano per poter fare la richiesta.

E-1

Hai un'attività negli Stati Uniti che compra beni o servizi dall'Italia o che importa beni o servizi americani in Italia? Un'altra categoria interessante di visto per te è il visto E-1 da "trader", ovvero da agente di commercio.

Il visto E-1 è davvero facile da ottenere se il business portato avanti include il commercio di beni o servizi.

Infatti, basta dimostrare 3 cose:

1) Che esiste un commercio di beni o servizi tra gli USA e uno Stato membro del trattato di commercio e navigazione (ad esempio l'Italia).

2) Che il commercio è continuo e non solo qualche episodio isolato.

3) Che il commercio tra i due paesi costituisce almeno il 50% del fatturato derivante dal business con l'estero.

In presenza di questi elementi, è possibile per una persona che voglia lavorare come manager o agente di commercio ottenere un visto da tre a cinque anni per entrare negli Stati Uniti e sviluppare il commercio in questione. Ad esempio, un mio cliente ha deciso di aprire un'attività di vendita di capi di abbigliamento made in Italy in America. Ha iniziato a fare i primi ordini, e dopo pochissimi mesi ha ottenuto il visto dimostrando di avere effettuato numerose spedizioni.

Ecco la lista dei paesi nei quali è possibile ricevere il visto E-1.

Argentina	Germany	Oman
Australia	Greece	Pakistan
Austria	Honduras	Paraguay
Belgium	Iran	Philippines
Bolivia	Ireland	Poland
Bosnia and Herzegovina	Israel	Serbia
	Italy	Singapore
Brunei	Japan	Slovenia
Canada	Jordan	Spain
Chile	Korea (South)	Suriname
China	Kosovo	Sweden
(Taiwan)	Latvia	Switzerland
Colombia	Liberia	Thailand
Costa Rica	Luxembourg	Togo
Croatia	Macedonia	Turkey
Denmark	Mexico	United
Estonia	Montenegro	Kingdom
Ethiopia	Netherlands	Yugoslavia
Finland	New Zealand	
France	Norway	

Se avete il passaporto di uno di questi paesi, potete richiedere questo visto iniziando a importare beni o prodotti dal vostro paese negli Stati Uniti.

Inoltre anche il contrario vale per ottenere un E-1. Infatti, un'altra cliente ha ottenuto il visto semplicemente "spostando" la sede della sua azienda. Infatti, lei aveva già un'attività che importava attrezzature medicali dagli Stati Uniti per venderle in Italia. La sua società italiana comprava le attrezzature negli USA e se le faceva spedire in Italia dove poi venivano rivendute.

Alla cliente è bastato aprire una sua società americana, che ha iniziato a comprare le attrezzature America su America, per poi rivenderle alla sua stessa società in Italia. La società in Italia era invece quella che continuava a vendere le attrezzature all'utente finale Quindi, senza cambiare di una virgola la sua attività, la cliente si è ritrovata ad avere un visto da E-1 da trader – oltre che una struttura internazionale e fiscalmente più efficiente.

Ora, se hai fatto attenzione, avrai notato che tutti questi visti hanno in comune lo stesso problema: trovare uno sponsor americano.

Infatti, mentre ognuno di questi visti sembra facile da ottenere per qualcuno già presente negli USA, può essere invece complicato raggiungere i requisiti dal proprio paese. Ad esempio, fare colloqui di lavoro senza poter partecipare di persona. Importare e vendere merci negli Stati Uniti senza poter entrare. Persino organizzare un tour di concerti senza poter muoversi nel territorio.

La strategia migliore è quella di cercare uno sponsor dal proprio paese di origine, prima di arrivare negli USA. Spesso la società di un amico o un conoscente può essere una grande risorsa. Inoltre, persone che sono immigrate a loro volta si riveleranno quasi sempre più disponibili di altri ad accogliere e sponsorizzare un candidato promettente.

Ad esempio, io ho trovato un lavoro (e una sponsorizzazione) a molte persone di diverse nazionalità che cercavano di venire a lavorare in America. Molti erano avvocati o laureati in legge, ma anche alcuni neolaureati che volevano solo fare un tirocinio. Erano tutte persone brave, volenterose, e di talento. Insomma, se lo sono meritate.

Ma allora come fai a essere sicuro di aver scelto il visto giusto? Il modo più facile per decidere quale sia il visto adatto a te è senza dubbio quello di rivolgersi a un avvocato di immigrazione. Questo punto sarà trattato ancora meglio nel capitolo 5, dove affronteremo le Strategie e gli Errori da Evitare. Nel frattempo, però voglio darti la mia formula per capire quale sia il visto più adatto a te.

I fattori da considerare sono:
1)   Gli obiettivi e la situazione personale del cliente;
2)   La durata del visto;
3)   Le prospettive future;
4)   I costi;
5)   La sicurezza di ottenimento;
6)   Il controllo del processo e la libertà di movimento.

I tuoi obiettivi sono la prima cosa da tenere in conto. Vuoi venire negli Stati Uniti per fare un training o una breve esperienza lavorativa, un viaggio di "turismo immobiliare" per scegliere proprietà da acquisire, o hai deciso di trasferirti per qualche anno con la tua famiglia e tutti i vostri averi? La risposta a questa domanda cambia radicalmente la scelta di visto da richiedere.

Alcuni dei miei clienti hanno interesse a rimanere per diversi mesi all'anno in Florida, dove possiedono investimenti e proprietà immobiliari, ma non vogliono diventare soggetti alla tassazione americana. Per cui, ottenere la residenza permanente e quindi la Green Card non gli interessa, in quanto dovrebbero poi dichiarare tutti i loro redditi negli Stati Uniti, anche se guadagnati in un altro paese.

In secondo luogo, dobbiamo sempre tenere a mente la durata del visto. Quanto tempo pensi di rimanere negli States?

Qualsiasi lasso temporale tu abbia in mente, sembra passare in un batter d'occhio una volta che sei dentro. Se i tuoi titoli di studio ti consentono di ottenere un visto lavorativo di tre anni, ad esempio, non ha senso richiedere un visto per fare un training di un anno. E se hai la possibilità di ottenere un visto lavorativo di cinque anni allo stesso costo di quello per tre anni, perché non sfruttarla?

Poi, per poter analizzare le prospettive future e formulare la strategia personalizzata più adatta, è importante conoscere non solo le regole specifiche di ogni tipo di visto, ma anche avere le idee chiare.

Per quanto riguarda i costi, li considero alla fine in quanto raramente sono la parte più importante. La parte importante relativamente ai costi, è quella di sapere che sono soldi ben investiti.

Quasi tutti i miei clienti, infatti, mi dicono che sarebbero disposti a pagare anche il doppio se avessero la certezza di ricevere il visto. Inoltre, se il visto scelto è quello che ci fornisce la possibilità di rimanere il più a lungo possibile negli USA, siamo certi che qualsiasi sia il costo, è ammortizzato in un periodo di tempo più lungo.

Infine, una considerazione particolare va fatta in merito a chi ha il controllo sul procedimento di richiesta, e quindi se il visto mi consentirà di essere libero una volta negli Stati Uniti, oppure vincolato ad altre persone o aziende. La maggior parte dei visti, soprattutto quelli che richiedono uno sponsor, non danno la possibilità al richiedente di avere molta libertà.

Ad esempio, se un'azienda richiede la mia presenza per un lavoro specializzato (H-1B), oppure per fare un training particolare in un campo non presente nel mio paese (H-3), oppure un semplice training (J-1), non potrò fare altro che lavorare per – e di conseguenza essere pagato da – l'azienda sponsor.

Qualora il mio visto scada o debba essere trasferito a un'altra azienda, sarà necessario presentare un'altra domanda per vedere approvato il rinnovo o il trasferimento.

Tra tutti i visti disponibili, dunque, il visto che offre maggiore libertà al richiedente è senza dubbio il visto da investitore (E-2).

Infatti, mentre come dicevamo la maggior parte dei visti obbliga il candidato a vedere il suo destino dipendere da altre parti (come dicevamo il datore di lavoro, il coniuge o lo sponsor governativo), questa categoria di visti permette all'investitore di richiedere e ottenere il visto con i suoi tempi, a sua discrezione, e senza dipendere da nessun altro soggetto se non sé stessi.

Il visto da investitore è anche relativamente rapido da ricevere, in quanto può essere richiesto e ottenuto presso l'Ambasciata Americana del proprio paese di origine in un lasso di tempo che difficilmente supera i tre mesi.

Per questo motivo, nel prossimo capitolo ci focalizzeremo su questo tipo di visto e andremo a esaminarne tutte le sue componenti, in quanto una volta che hai capito quali sono e come dimostrare di averne i requisiti necessari, richiederlo dipende solo da te.

RIEPILOGO DEL CAPITOLO 3:

- SEGRETO n. 1: Per ottenere un visto di lavoro hai bisogno di uno sponsor. Cerca di trovarne uno prima di arrivare negli USA.
- SEGRETO n. 2: Nel visto da investitore i requisiti per ottenerlo dipendono solo da te.
- SEGRETO n. 3: Il visto da investitore è relativamente rapido da ricevere, in media entro tre mesi.

Capitolo 4:
Come scegliere l'investimento giusto

In questo capitolo ci soffermeremo sull'analisi relativa alla scelta dell'investimento più adatto a te, che poi è il requisito principale per ottenere un visto. Una volta scelto un business che funziona e che è coerente con le tue abilità, ottenere il visto da investitore – o la green card – sarà molto più facile.

Un buon investimento non dovrebbe essere dettato dal bisogno o dal desiderio di prendere il visto, e dovrebbe invece focalizzarsi sul creare un business sostenibile e profittevole. Il visto è poi la conseguenza quasi automatica di un buon investimento.

Conosco molti "sfortunati", che sono venuti in America pronti a investire in qualunque cosa pure di prendere il visto. Quasi tutti sono finiti male, o perché il visto gli è stato negato in quanto il business non risultava credibile, oppure perché l'investimento è andato perso in quanto gli investitori non avevano le capacità di portare avanti l'impresa.

Ma come abbiamo spiegato nel primo capitolo, la sfortuna non c'entra. Ricordi? La fortuna è quando la preparazione incontra l'opportunità. L'obiettivo di questo capitolo è di aiutarti a capire le caratteristiche dell'investimento "perfetto" in modo da prepararti a dovere per le opportunità che ti si presenteranno davanti.

La prima scelta da valutare è la più importante, in quanto si tratta di decidere se investire in un business attivo o passivo. Il primo caso è quando prevedi di "stare dietro" al business, ovvero di lavorarci attivamente e gestire direttamente le attività giornaliere. Il secondo è se decidi di affidarti a qualcuno che gestirà per te l'investimento e dunque l'attività dell'impresa.

Se stai pensando di dedicarti a gestire il tuo investimento, dovresti scegliere un settore che ami o nel quale hai molta esperienza. Ricordati che gli Stati Uniti sono il primo mercato al mondo, ma anche il più competitivo. Se credi che una volta aperto i clienti arriveranno da soli, rischi di rimanere molto deluso.

Per esempio, un commercialista italiano aveva deciso di investire direttamente in un ristorante in Florida. Pur non avendo nessuna esperienza nel settore del Food & Beverage ha aperto un ristorante italiano con l'idea di gestirlo nel tempo libero mentre continuava la sua attività professionale.

Mi ha contattato quando il suo locale aveva già grosse perdite e diversi mesi di affitto in arretrato da pagare. Purtroppo ha dovuto chiudere prima ancora di poter trovare un compratore o di ottenere il visto, e così non abbiamo potuto fare nulla per aiutarlo.

Altri clienti invece si sono rivolti a me prima di trasferirsi a Sarasota, in Florida. Pur non avendo molta esperienza nella gestione di un'azienda, scegliendo un'attività in linea con le loro passioni sono riusciti ad aprire diversi business di successo, dalla bakery all'italiana al tipico "Burger Place" all'americana.

Grazie alla loro passione e al loro duro lavoro, e al fatto che i loro prodotti sono straordinari, alcuni di loro sono riusciti a farsi conoscere da tutta la città e oggi continuano a tenere aperta la loro attività e vendono anche a domicilio.

Se invece hai in mente di fare un investimento passivo e affidare la gestione a una terza persona che andrà a gestirlo per conto tuo, puoi scegliere qualsiasi settore. In questo caso, le domande importanti diventano altre.

Ad esempio, è meglio aprire un punto vendita di una catena già esistente, o creare un nuovo "concept", una nuova idea di business che poi potrai replicare e ingrandire di conseguenza? A chi puoi delegare la gestione per fare in modo che il tuo business cresca? Come puoi misurare l'andamento dell'attività?

Tutti vorrebbero essere i fondatori del prossimo McDonalds o creare una catena di successo come Starbucks. Ai fini di aprirsi la strada in America e ottenere il visto, tuttavia, usare un modello sicuro che possa ridurre al minimo il rischio di fallimento è spesso la via più semplice per garantirsi un'entrata stabile.

Dei miei clienti erano alla ricerca di un'attività che gli permettesse di ottenere il visto ricevendo un'entrata mensile senza dover dedicare troppo tempo al business. Dopo una lunga ricerca e dopo aver analizzato modelli molto diversi tra loro, hanno scelto di investire nelle scuole calcio.

Il gioco del calcio è infatti l'unico sport che sta crescendo in maniera esponenziale negli Stati Uniti, sia perché è relativamente nuovo rispetto al basket o al football americano, sia perché il numero di persone che lo segue aumenta ogni anno.

Un dato esemplificativo: nel 2014 i diritti televisivi della MLS americana (l'equivalente della nostra Serie A) valevano "zero". Nel 2016, sono stati venduti per 68 milioni. Nel 2018, hanno ricevuto offerte per diversi miliardi per gli stessi diritti. E il picco arriverà probabilmente nel 2026, quando i mondiali di calcio saranno tenuti negli Stati Uniti.

Il settore sembra promettente, e infatti molte squadre europee stanno investendo nelle scuole calcio in America. In una scuola calcio, l'impegno richiesto all'investitore è minimo, poiché a fare il grosso delle attività sono la società di marketing responsabile di trovare bambini da far iscrivere e l'allenatore che dovrà allenarli.

Inoltre, se la squadra si incarica anche di trovare gli allenatori cui delegare il grosso del lavoro, il gioco è fatto.

Per questo motivo, io consiglio sempre ai miei clienti di affidarsi ad un'organizzazione esistente e già stabilita. Invece che iniziare una nuova scuola calcio dal nulla, con tutte le difficolta connesse, è sempre più facile acquisire un'accademia già operativa, con decine di bambini già iscritti e paganti.

È meglio trovare l'investimento da solo o con l'aiuto di un professionista, come ad esempio un agente immobiliare, un avvocato, o un altro advisor?

Personalmente, ho imparato a mie spese che è sempre meglio rivolgersi a bravi professionisti. Io stesso, pur essendo avvocato, mi rivolgo sempre a colleghi più esperti di me (per età o per area di competenza) per chiedere consiglio o assistenza.

Proprio per assecondare questa esigenza abbiamo creato un servizio che sta permettendo a decine di aziende e individui di trovare la giusta attività su cui investire.

Se sei interessato scrivi pure ad info@vistoassicurato.com e verrai assistito in ogni singolo dettaglio per preparare il tuo sbarco americano.

Anche se all'inizio può sembrare conveniente risparmiare qualcosa con il "fai-da-te", chi spende di più all'inizio del processo per fare le cose ben fatte, alla fine spende meno per risolvere le questioni lasciate in sospeso o gestite in maniera inadeguata.

Un signore ecuadoriano, poi diventato mio cliente, aveva deciso di investire $199,000 di suoi risparmi per acquistare alcuni camion, che secondo le promesse della società americana promotrice sarebbero stati "messi a reddito" e capaci di generare migliaia di dollari facendo consegne.

Il povero cliente aveva preferito non avvalersi di un avvocato all'inizio della negoziazione, in quanto si fidava della controparte americana e del suo legale. Questi aveva preparato il contratto ma ovviamente aveva in mente gli interessi della sua assistita e non quelli dell'investitore, non rappresentato.

Purtroppo, quando il cliente mi ha contattato l'unica cosa possibile da fare per proteggerlo era intentare una causa all'impresa americana. Questa soluzione implica un ulteriore esborso monetario per iniziare l'azione giudiziale e l'incertezza – nonostante l'efficienza del sistema americano – sull'esito della controversia e soprattutto sulla possibilità di recuperare il maltolto in caso di vittoria in giudizio.

Il segreto è allora saper cercare e riconoscere professionisti competenti dei quali avvalersi, e affidarsi a loro sin dai primi momenti dello sviluppo del progetto di investimento. Negli Stati Uniti, gli avvocati sono una delle professioni più regolate e controllate, per cui ti consiglio di chiedere sempre a un avvocato prima di muoverti. Parleremo di come scegliere l'avvocato giusto ed evitare brutte sorprese nel capitolo 5.

Finora abbiamo lavorato sul perché investire in America e su come scegliere l'investimento giusto, che sono le fondamenta su cui costruire il vostro sogno americano. Ora è il momento di condividere con te la mia esperienza su come ottenere un visto in relazione al tuo investimento.

Per cominciare, ci sono due tipi di visto da investitore. Il primo (EB-5) richiede un investimento importante di quasi un milione di dollari, e dà diritto alla carta verde per l'investitore e i suoi familiari, che diventeranno residenti negli USA. Parleremo di questo investimento alla fine di questo capitolo.

Il secondo visto (E-2) è meno impegnativo, perché richiede un investimento più modesto e garantisce la possibilità di entrare e uscire dagli USA senza limiti fintanto che l'attività posta in essere continui a operare. Poiché questo tipo di investimento può avere una durata molto lunga senza obbligare il cittadino straniero a diventare residente permanente, è spesso preferito dai miei clienti.

Come il visto E-1 analizzato in precedenza nel terzo capitolo, il visto E-2 è accessibile solo ai membri dei paesi che hanno un trattato di commercio con gli Stati Uniti.

Se hai un passaporto in uno di questi paesi, puoi avere accesso a questo visto.

Albania	Bangladesh	Canada
Argentina	Belgium	Chile
Armenia	Bolivia	China (Taiwan)
Australia	Bosnia	Colombia
Austria	Herzegovina	Congo
Azerbaijan	Bulgaria	Costa Rica
Bahrain	Cameroon	Croatia

Czech Republic	Kosovo	Romania
Denmark	Kyrgyzstan	Senegal
Ecuador	Latvia	Serbia
Egypt	Liberia	Singapore
Estonia	Lithuania	Slovak
Ethiopia	Luxembourg	Republic
Finland	Macedonia	Slovenia
France	Mexico	Spain
Georgia	Moldova	Sri Lanka
Germany	Mongolia	Suriname
Grenada	Montenegro	Sweden
Honduras	Morocco	Switzerland
Iran	Netherlands	Thailand
Ireland	New Zealand	Togo
Israel	Norway	Trinidad & Tobago
Italy	Oman	Tunisia
Jamaica	Pakistan	Turkey
Japan	Panama	Ukraine
Jordan	Paraguay	United Kingdom
Kazakhstan	Philippines	Yugoslavia
Korea (South)	Poland	

Ma a quanto ammonta il totale che è necessario investire per garantire l'ottenimento del visto E-2?

La legge americana non indica una cifra specifica, ma parla di un ammontare "sostanzioso" (c.d. "*Substantial amount*") in relazione all'impresa posta in essere. Questo vuol dire che l'ambasciata americana considera il tipo di attività svolta e quanti soldi sarebbero necessari per capitalizzarla.

Una somma pari a 150 mila dollari, ad esempio, sarebbe più che sufficiente ad aprire un piccolo bar-caffè. Un investimento di un milione di dollari, invece, sarebbe assolutamente inadeguato ad avviare una centrale nucleare.

Finora, il mio record è stato quello di aiutare una cliente a ottenere un visto E-2 con meno di 60 mila dollari.

Infatti, una cliente italo-canadese aveva deciso di preparare la richiesta per un visto senza l'aiuto di un avvocato, e venne da me per una consulenza dopo che l'ambasciata americana le aveva rifiutato il visto per aver investito solo 33 mila dollari. Dopo aver seguito il mio consiglio di ripresentare l'applicazione con alcuni ritocchi e con qualche dollaro in più nelle parti chiave del suo business, le è stato concesso il visto E-2 con un investimento di appena 55 mila dollari.

Una somma considerata generalmente sufficiente a ottenere il visto è di circa 100 mila dollari. Più aumentano i soldi investiti, più aumenta la possibilità di ricevere immediatamente l'approvazione del consolato americano.

Tra le spese da considerare come parte dell'investimento rientrano tutte quelle voci collegate direttamente all'attività posta in essere, come ad esempio le spese di apertura della società, il canone di affitto di un ufficio, gli onorari di avvocati e commercialisti, spese di pubblicità, eventuali forniture di prodotti, ecc.

Le spese collegate al business solo indirettamente, invece, sono spesso contestate dal consolato, che potrebbe non tenerne conto. Ad esempio, le spese di viaggio per entrare negli Stati Uniti, veicoli aziendali (a meno che il business non sia nel settore dei trasporti), pranzi/cene e altre spese incidentali, e simili. La domanda da farsi per essere sicuri è se la spesa potrebbe avere anche un altro scopo oltre all'attività oggetto dell'investimento.

Un altro requisito importante e spesso trascurato è che l'attività deve essere "non marginale". Un'impresa marginale è quell'impresa che non ha la capacità, presente o futura, di generare entrate superiori a quelle sufficienti per garantire una vita minima all'investitore e alla sua famiglia. Questo significa che l'investimento dovrebbe essere fatto in un'attività che possa creare utili tali da poter crescere e generare nuovi posti di lavoro.

A seconda delle circostanze, una nuova impresa potrebbe non essere considerata marginale anche se all'inizio non abbia la capacità di generare tali entrate. In tali casi, l'impresa dovrebbe dimostrare di avere la capacità di generare tali entrate entro cinque anni dalla data del rilascio del visto.

Infine, la legge prevede che l'attività posta in essere deve essere già attiva – o di imminente apertura – al momento della richiesta. Questo significa che è possibile ottenere il visto acquistando un business già avviato, avviarne uno da zero, o addirittura richiedere un visto prima che l'attività sia iniziata, sempre che si dimostri che ci sono tutti gli elementi e che l'apertura dell'attività è imminente. Generalmente, questo viene spiegato nel business plan, che è lo scheletro di ogni richiesta di visto.

Non so se hai mai sentito parlare del principio di Pareto, che molti chiamano il principio 80/20.

Infatti, Pareto si accorse studiando le piante del suo giardino, che l'80% dei frutti veniva dal 20% delle piante. Secondo questo principio, che è possibile applicare in ogni ambito della nostra vita, l'80% dei risultati deriva dal 20% delle azioni.

Così, il segreto della richiesta di visto è un buon business plan. Pur costituendo solo il 20% dei documenti necessari, da solo costituisce l'80% delle possibilità di successo di una domanda di visto. Se il business plan è ben preparato, anche un investimento più ridotto, un'attività non ancora operativa o un business meno tradizionale possono dare diritto al visto.

Per esempio, un mio cliente ha da poco ottenuto un visto E-2 con una insolita attività. Infatti, l'ambasciata ha rilasciato il visto attraverso un investimento in una start-up, una app che collega gli utenti a professionisti di ogni tipo.

Anche se la app era appena stata rilasciata sull'Apple Store, e il business non prevedeva entrate per i primi tre anni, il cliente ha presentato un ottimo business plan che spiegava nel dettaglio il funzionamento del business e le potenzialità di crescita esponenziale.

Il visto E-2 è aperto anche ai dipendenti specializzati o amministratori che gestiranno l'attività per conto dell'investitore principale. Inoltre, si estende al coniuge e ai figli dei richiedenti.

Ottenere un visto E-2 acquistando un business già esistente è sempre più facile. Infatti, per l'ufficio immigrazione risulta più facile stabilire che l'investimento è sostanziale in proporzione all'attività svolta quando è stato sufficiente per acquistarla al prezzo di mercato.

Quindi, acquistare un ristorante, un negozio o un'altra piccola attività per una somma che si aggiri intorno ai 100 mila euro darà quasi automaticamente accesso al visto, salvo che non si facciano gli errori di cui parleremo nel prossimo capitolo.

Vi è poi una ulteriore categoria di visto da investitore che permette di ricevere non solo un visto temporaneo, bensì la residenza permanente e quindi la carta verde. Questo a causa della rilevanza dell'ammontare investito e soprattutto della creazione di posti di lavoro. Si tratta della categoria EB-5.

Attualmente, questo tipo di visto richiede 1) un investimento di un $1,800,000.00, e 2) la creazione di 10 posti di lavoro. Tuttavia, visto che l'obiettivo di questa categoria di visti è promuovere l'occupazione, l'investimento necessario è ridotto della se l'investimento produce 10 posti di lavoro in un'area rurale o comunque a basso tasso di occupazione.

Quindi, basterebbe investire $900,000.00 in un'attività che produca direttamente dieci posti di lavoro (ad esempio un ristorante) in una zona a basso tasso di occupazione, per garantire la carta verde a sé stessi e a tutta la famiglia.

Poi, la legge ha istituito i Centri Regionali (c.d. *Regional Centers*), che permettono di fare un investimento creando solo indirettamente i posti di lavoro e acquisire comunque la green card. Investire in un *Regional Center* vuol dire investire in un progetto, solitamente molto grande e ben strutturato, che viene approvato dal governo in quanto ha il potenziale di creare decine – a volte centinaia – di posti di lavoro.

Un investitore può quindi partecipare investendo i $900,000.00 nel progetto e ottenere la green card risparmiandosi la fatica di dover assumere direttamente lui stesso i dipendenti. Questi saranno invece assunti dal progetto una volta completato.

Tipici esempi di progetti finanziabili sono hotel, case di riposo, ma anche edifici residenziali con una grande quantità di servizi ai residenti, o altri progetti misti. Il progetto generalmente ha in programma di produrre molta più occupazione di quella che sarebbe richiesta per un solo visto. Quindi, il governo permette ai promotori del progetto di finanziarsi utilizzando i soldi degli investitori stranieri.

Questi ultimi sono spesso soddisfatti di ricevere la green card a tal punto da accontentarsi di ritorni molto bassi sul loro capitale investito. Questo visto, che sarebbe perfetto per tutti coloro abbiano già deciso di volersi trasferire per vivere in maniera permanente negli Stati Uniti, è invece molto discusso a causa delle tempistiche molto lunghe per la sua approvazione.

Infatti, possono passare diversi anni dal momento della richiesta fino all'ottenimento della Carta Verde. L'iter prevede che il richiedente richieda la carta verde, che viene rilasciata non appena l'ufficio di immigrazione abbia provveduto a verificare la validità del progetto e l'esistenza dei requisiti soggettivi da parte del richiedente.

La green card così ricevuta è soggetta alla condizione che il progetto abbia creato dieci posti di lavoro nei due anni successivi. Quindi, dopo due anni l'investitore dovrà fare una richiesta dimostrando le assunzioni in modo da ricevere la sua carta verde definitiva.

Bisogna notare che i soldi devono rimanere investiti per la durata del processo di cinque anni. Quindi la preoccupazione dell'investitore è sempre la stessa: come garantirsi e trovare l'investimento giusto per ridurre al minimo il rischio di perdere il capitale investito?

L'analisi della risposta è simile ai temi che abbiamo trattato nelle pagine precedenti sui visti E-2. Infatti, è importante conoscere la storia dei promotori del progetto, il loro track record, ed essere sicuri che il progetto sia abbastanza capitalizzato.

Ad esempio, un mio cliente turco ha investito in un regional center promosso da un fondo americano per costruire una casa di assistenza agli anziani in Texas. Il progetto aveva bisogno di $160 milioni per essere completato, e ha deciso di utilizzare investitori stranieri per $37,5 milioni.

Fintanto che il numero di posti di lavoro creati sia almeno 10 per ogni investitore, ciascun investitore avrà la possibilità di ricevere il visto.

È da tenere presente che oggi gli sviluppatori dei progetti stanno diventando sempre più creativi al fine di raccogliere fondi da parte di investitori stranieri. Si sono infatti sviluppati modelli di business molto interessanti, dove i progetti oltra garantire la carta verde danno anche ritorni economici importanti agli investitori.

Alcuni progetti residenziali permettono addirittura all'investitore di fare un investimento nel progetto mirato all'acquisto di un'unità immobiliare all'interno dell'edificio realizzato una volta che saranno sbloccati i fondi. Ci sono stati casi di progetti edili che hanno raccolto somme incredibili da investitori che hanno ottenuto la green card acquistando un appartamento.

In questi casi, l'investitore versa subito sia i soldi necessari per richiedere la green card, e la differenza necessaria a pagare il prezzo dell'appartamento. Dopodiché si impegna a lasciare i soldi depositati all'inizio a pagamento del saldo una volta recuperati al termine della procedura.

Insomma, ci sono molti soggetti negli Stati Uniti che hanno disegnato modelli davvero competitivi e ridotto il rischio di perdere l'investimento al minimo. Ma che succede se nonostante l'investimento il visto viene negato? C'è un modo di assicurarsi che non sia fatto l'investimento e poi il visto venga negato, quindi facendo perdere all'investitore i soldi per la richiesta?

A questo daremo una risposta nell'ultimo capitolo.

RIEPILOGO DEL CAPITOLO 4:

- SEGRETO n.1: Cerca di fare l'investimento per avviare un'attività produttiva, e non solo ai fini del visto

- SEGRETO n.2: Se decidi di gestire direttamente il tuo business, scegli un'attività in cui sei già esperto. Non reinventare la ruota e affidati a modelli già collaudati.

- SEGRETO n. 3: L'investimento deve essere sostanziale in relazione all'attività svolta. Sempre meglio avere un po' di più che un po' di meno.

- SEGRETO n. 4: A meno che non stai comprando un'attività esistente, il tuo business deve essere già operativo o in fase di apertura.

- SEGRETO n. 5: Il tuo business deve presto o tardi essere in grado di assumere altri dipendenti, e non solo pagare il tuo stipendio.

- SEGRETO n. 6: L'80% dei risultati deriva dal 20% delle azioni. Concentrati su un buon business plan.

- SEGRETO n. 7: Se investi $900,000.00 in un *Regional Center* potrai ricevere la residenza permanente.

Capitolo 5:
Come evitare di commettere errori

In questo capitolo vorrei condividere con te alcuni degli errori che ho visto commettere nel corso dei miei dieci anni di esperienza negli Stati Uniti, per permetterti di evitarli e di raggiungere subito i risultati che vuoi ottenere.

Innanzitutto, devi sapere che non è necessario affidarsi a un avvocato per richiedere il visto. La legge permette a un individuo di rappresentare se stesso, e la domanda per il visto può essere presentata direttamente dal richiedente senza bisogno di un rappresentante legale.

Negli anni, ho conosciuto diverse persone che hanno (o almeno raccontano di aver) ottenuto il visto richiedendolo da soli. La maggior parte finisce per chiedere consigli su come riparare a errori fatti in passato, e generalmente spende più di quanto non avrebbe speso se si fosse rivolta al nostro studio fin dall'inizio.

Ad esempio, un mio cliente aveva deciso non utilizzare l'assistenza del nostro studio e di richiedere da solo il visto per un suo impiegato. Dopo che l'immigrazione ha rifiutato la sua richiesta, il cliente è tornato chiedendo il nostro aiuto. In poche settimane siamo riusciti a farle ottenere un visto E-2 da manager, ma gli è costato quasi il doppio di quanto avrebbe speso senza fare il tentativo da solo.

Il sito dell'ambasciata Americana contiene molte informazioni utili su come preparare la richiesta di visto, che alcuni possono ritenere sufficienti per presentare la richiesta. Molti potrebbero anche essere tentati di affidarsi ai consigli contenuti in questo libro per preparare la pratica da soli, per quello ci tengo a specificare che il contenuto di questo libro non è diretto a dare consigli legali, e che se hai in mente di richiedere un visto dovresti consultare un avvocato in merito alle circostanze specifiche del tuo caso.

Ma come fare a scegliere l'avvocato giusto?
Innanzitutto, anche se capisco che si tratta di un consiglio che può sembrare ovvio, controllate che sia davvero un avvocato. C'è un numero incredibile di persone che si spacciano per avvocati,

oppure che offrono servizi legali senza averne i titoli (e spesso le competenze). Scoprirle è più facile di quanto puoi immaginare.

Ogni stato degli Stati Uniti ha il suo "Ordine degli Avvocati", che in inglese si traduce "Bar" (dall'inglese classico Barrister). Il Bar dello stato ha l'obbligo di tenere un albo pubblico e aggiornato di tutti suoi membri. Per esempio, quello dello stato della Florida si chiama The Florida Bar.

Consultando il sito del Florida Bar, nella sezione apposita per cercare i membri (https://www.floridabar.org/directories/find-mbr/) è possibile verificare in pochi secondi se l'avvocato che avete pensato di assumere è stato ammesso all'ordine, se la sua iscrizione risulta ancora attiva, e/o se ha ricevuto provvedimenti disciplinari. Come puoi capire, è uno strumento utilissimo e davvero facile da usare, che può proteggerti da molti eventi spiacevoli.

Gli avvocati infatti sono una delle professioni più rispettate negli Stati Uniti, e certamente tra le più regolate di tutte. Oltre ai regolamenti sull'ammissione, sul comportamento etico e professionale, e sul modo di fare pubblicità, c'è anche una disciplina particolare sulla responsabilità professionale.

Questo vuol dire che un avvocato che non svolge il suo lavoro nel rispetto di tutte le norme etiche e professionali, oltre a essere responsabile di risarcire il danno causato, potrebbe essere punito con un richiamo ufficiale da parte del Bar, oppure con la sospensione – o addirittura la revoca nei casi più gravi – della sua licenza di avvocato.

Considera che la licenza è il patrimonio più importante di un avvocato, non solo per l'investimento pari a centinaia di migliaia di dollari necessario per conseguirla, ma perché gli consente di esercitare la sua professione e di guadagnarsi da vivere.

In fin dei conti, lo Stato vuole essere certo che oltre ad avere un ovvio interesse a svolgere bene il proprio lavoro ci sia un modo di controllare e assicurare che tutti gli avvocati siano sempre nelle condizioni di offrire il miglior servizio possibile.

Tuttavia, ci sono molti "consulenti" che pur non essendo membri iscritti al Bar forniscono consigli legali in violazione della legge – e a volte del buonsenso. Questi consulenti rischiano spesso di causare danni irreparabili al cliente, in quanto non sono preparati per dare il tipo di consulenza fornita e non sono tenuti a essere aggiornati, a rispettare le regole professionali e a rispondere di fronte all'associazione di categoria.

In pratica, mentre se un avvocato compie atti di negligenza è possibile non solo chiedergli i danni ma anche ricorrere al bar per cercare di ottenere soddisfazione, se un consulente non autorizzato commette qualunque negligenza, o addirittura in casi di colpa grave o frode, non si avranno altri rimedi se non agire contro la persona stessa.

Pensaci bene. Tu ti faresti operare al cuore da un chirurgo che non ha mai preso la laurea in medicina, oppure che ne ha una in scienze veterinarie? Ovviamente ci penseresti due volte, in quanto un piccolo errore potrebbe essere fatale e portare conseguenze irreparabili.

Nel caso di un avvocato, è molto difficile che vi siano conseguenze negative completamente irreparabili. Ad esempio, un non-avvocato – o un pessimo avvocato – potrebbe perdere il caso, ma di solito c'è la possibilità di un appello, o in alcuni casi di presentare un nuovo caso con diverse circostanze.

Un visto negato permette quasi sempre di presentare una nuova richiesta, ad esempio quando è possibile dimostrare un cambiamento di circostanze o un errore nella prima decisione.

Tuttavia, l'importanza di scegliere un buon avvocato non va sottovalutata in quanto i danni potrebbero essere comunque molto ingenti. Nel caso di un visto negato, il cliente potrebbe perdere molto tempo fuori dagli Stati Uniti, o perdere la possibilità di richiedere un'altra tipologia di visto.

Ad esempio, se viene negato un visto da investitore, generalmente viene poi preclusa la possibilità di entrare negli Stati Uniti con l'ESTA. Per questo motivo è fondamentale affidarsi al professionista giusto, magari seguendo il suggerimento di chi ha già avuto successo, o facendo qualche ricerca in merito alla reputazione dell'avvocato.

Se hai dei dubbi, o se vuoi una seconda opinione su quanto hai letto su internet o sentito da altri (specialmente se non avvocati), non esitare a scrivermi via email: valerio@vistoassicurato.com. È sempre meglio fare un controllo aggiuntivo all'inizio per procedere in maniera più spedita una volta iniziata la pratica.

Il peggior errore da evitare sempre è quello di mentire, sia all'ufficio immigrazione che all'avvocato che sta preparando la tua pratica da presentare all'ufficio di immigrazione.

Devi tenere sempre a mente che un avvocato non può aiutare una persona a commettere un crimine, e quindi una frode all'immigrazione. Se l'avvocato si rende conto che l'intento del cliente è quello di violare la legge e commettere un illecito, l'avvocato dovrebbe ritirarsi dalla rappresentazione.

Negli anni ho visto diverse volte persone che, forse credendosi più furbe o sottovalutando il sistema, hanno provato ad "aggirare" alcuni limiti imposti dalla legge. Tutte sono finite male. Ti faccio alcuni esempi in cui i richiedenti hanno mentito a me, all'ufficio immigrazione, o a entrambi.

Una persona aveva richiesto un visto da investitore con un altro avvocato, e dopo aver ricevuto un diniego per via dell'insufficiente ammontare di denaro investito, venne da me a chiedere un parere. Io le consigliai di ripresentare la domanda facendo alcune piccole modifiche nella presentazione della sua attività e investendo una piccola somma aggiuntiva.

La persona disse che invece voleva provare a entrare con un ESTA per 90 giorni. Cercai di spiegarle che una volta ricevuto il diniego di un visto, non era più possibile richiedere l'ESTA. La persona mi disse allora che voleva pensarci e, come a volte succede, sparì dalla circolazione. Qualche mese dopo, un conoscente in comune mi chiamò per comunicarmi che la persona era stata arrestata ed era detenuta in un centro di accoglienza aspettando di essere deportata.

Senza dirmi nulla, la persona aveva applicato per un ESTA, che come previsto le era stato negato essendole stato negato un visto in precedenza. La persona aveva allora richiesto un altro passaporto per provare di nuovo a chiedere nuovamente l'ESTA, pensando che con un nuovo numero di passaporto l'immigrazione non avrebbe ricollegato che si trattasse della stessa persona. Essendole stato negato anche il secondo ESTA, la persona aveva deciso di affidarsi a un trafficante messicano che l'aveva aiutata a passare la frontiera per entrare negli Stati Uniti, dove era stata arrestata poco dopo e rispedita fuori dal Paese.

Non solo la persona si è affidata alla persona sbagliata (anche se probabilmente il trafficante si era presentato come un professionista), ma come conseguenza della sua condotta in violazione delle leggi di immigrazione, la persona non potrà mettere piede negli Stati Uniti per almeno dieci anni, e forse anche di più, visto che il suo comportamento potrebbe essere tenuto in considerazione anche per richieste di visto future una volta scaduti i termini del divieto a rientrare.

Se la persona avesse seguito il mio consiglio, invece di cercare di aggirare la legge, avrebbe probabilmente speso qualcosa in più per ricevere un Visto da investitore e non sarebbe stata bandita dal paese a tempo (quasi) indeterminato.

Un altro caso simile è quello di un mio ex-cliente che ha mentito all'immigrazione nella richiesta di ESTA. In quasi tutte le domande di visto, inclusa quella dell'ESTA, è necessario indicare se sono stati richiesti altri visti in passato. Grazie al duro lavoro del mio team, eravamo riusciti a ottenere un visto da investitore per il cliente, per sua moglie e per il suo figlio minorenne. L'altro figlio purtroppo aveva più di ventun anni e non poteva rientrare nella stessa domanda di visto.

Allora, iniziammo una richiesta di visto separata come impiegato di un'impresa qualificata per E-2. Nella sua domanda di visto, mi accertai di indicare che il ragazzo aveva ricevuto un diniego di un visto in passato. Mentre eravamo in attesa della risposta dell'ufficio di immigrazione, il ragazzo (senza comunicarmi niente) richiese un ESTA per entrare negli Stati Uniti, affermando espressamente nella richiesta di ESTA di non aver mai ricevuto un diniego di un visto.

Una volta arrivato all'aeroporto, al ragazzo fu impedito di rientrare negli Stati Uniti per via della falsa affermazione da lui fatta nell'applicazione fatta via internet. A quel punto ho dovuto ritirarmi come avvocato, in quanto rappresentarlo sarebbe stato considerato come un'assistenza a commettere un illecito.

Questo esempio illustra meglio di qualsiasi altro l'importanza di non sottovalutare mai le comunicazioni ufficiali, anche se fatte a mezzo internet. Infatti, la spunta di una domanda sul sito dell'immigrazione equivale a una dichiarazione rilasciata sotto giuramento che espone il dichiarante a diversi anni di carcere se provata falsa.

Quindi, se avete un dubbio, è sempre meglio chiamare il vostro avvocato per chiedere consiglio.

Tuttavia è sempre utile tenere d'occhio e ricontrollare bene i dati inseriti nella domanda di visto prima che sia inviata. Infatti, la responsabilità finale – e le conseguenze – di una informazione sbagliata fornita all'avvocato o al dipartimento di immigrazione ricadono sul cliente.

Un giorno ricevetti una telefonata da una persona che aveva richiesto un visto lavorativo attraverso una compagnia americana. Il suo avvocato aveva inviato la richiesta allegando alla stessa copie dei pagamenti che venivano fatti mediante assegno dalla società / datore di lavoro alla persona / dipendente.

Tuttavia, l'avvocato non si era reso conto che la società risultava essere stata chiusa da mesi, per cui gli assegni erano stati considerati dall'immigrazione una prova costruita in maniera artificiale e quindi "fraudolenta", e alla fine il visto le era stato negato proprio a cause di questa circostanza.

Anche se l'avvocato potesse essere considerato in parte responsabile dell'accaduto, per non aver controllato lo stato della società prima di inviare la richiesta di visto, la firma apposta in calce alla richiesta di visto era quella della persona richiedente.

Per questo motivo, il mio studio fornisce sempre ai clienti una copia della domanda presentata, in modo da permettergli di controllare che le informazioni siano giuste, ed evitare il danno di non poter rimanere legalmente negli Stati Uniti per via di un errore formale.

Un altro errore che consiglio a miei clienti di evitare è quello di rimanere illegalmente, ovvero senza uno stato migratorio, negli Stati Uniti. La legge americana punisce severamente tutti i soggetti che cercano di entrare o di rimanere negli Stati Uniti senza rispettare le regole.

Molte persone entrano negli USA con un ESTA, un visto turistico, oppure un altro visto temporaneo, e poi decidono di rimanere in America dopo la scadenza del loro visto, magari con la speranza di poter successivamente ottenere una "cura" per il loro stato di illegalità. La cura potrebbe essere un'amnistia, oppure il matrimonio con un cittadino americano.

Anche se da una parte è vero che il matrimonio con un cittadino americano può permettere a una persona rimasta fuori status di ritornare nella legalità attraverso un procedimento chiamato "aggiustamento dello stato" (c.d. Adjustment of Status), e quindi acquistare la residenza permanente, non sempre tale processo è ben visto dal dipartimento di immigrazione, che potrebbe pensare che il matrimonio sia stato contratto solo per il visto e quindi in frode alla legge.

Difficilmente restare in America senza uno stato può portare dei vantaggi. La domanda più frequente dei clienti nel diritto dell'immigrazione riguarda il tempo necessario per ottenere il visto. I ritardi sono molto frequenti, e quindi non ci si deve allarmare.

Tuttavia, i clienti sono spesso frustrati dal fatto che vorrebbero iniziare la loro nuova vita negli Stati Uniti e sono costretti ad aspettare le lungaggini del procedimento e i ritardi nelle risposte da parte dell'amministrazione.

Purtroppo non c'è molto che un avvocato possa fare per diminuire queste tempistiche burocratiche. Esistono alcuni modi per velocizzare la procedura.

Ad esempio, alcuni visti prevedono la possibilità di richiedere il cosiddetto "premium processing", ovvero di pagare un costo aggiuntivo per ottenere una risposta in quindici giorni. Sebbene questa sia una soluzione molto vantaggiosa, e molti dei miei clienti ipotizzano di procedere in questa direzione, non sempre la consiglio, e il motivo è molto semplice.

Gli ufficiali del dipartimento di immigrazione, il cui lavoro è rivedere le pratiche e verificarne i requisiti, hanno già moltissimo lavoro e generalmente decine di pratiche aperte sul tavolo. Se non hanno il tempo materiale di esaminare il caso ed essere convinti della sua qualificazione in quindici giorni, risponderanno probabilmente con una richiesta di produrre prove o elementi addizionali.

Nei miei anni di esperienza, è capitato diverse volte di ricevere una richiesta di mandare documenti che erano già stati inviati nella richiesta originale. Questo è frustrante perché in tal caso bisogna rispondere alla richiesta inviando di nuovo i documenti prodotti in precedenza.

Questo ovviamente non succede sempre, ma se non si ha una ragione davvero particolare per richiedere il rito accelerato, è meglio utilizzare i tempi normali di processamento della pratica.

RIEPILOGO DEL CAPITOLO 5:

- SEGRETO n. 1: Affidati all'avvocato giusto. Controlla sempre nel registro se chi ti sta rappresentando è un avvocato.
- SEGRETO n. 2: Non mentire mai all'immigrazione. Segui la legge e i consigli del tuo avvocato e ricontrolla la domanda prima di inviarla.
- SEGRETO n. 3: Abbi pazienza e ricordati che la richiesta di visto è un processo amministrativo burocratico che richiede i suoi tempi.

Capitolo 6:
Soddisfatto o rimborsato

Ora che hai capito il percorso che occorre seguire per ottenere con successo un Visto, e in particolare i vantaggi di richiedere un visto da investitore, voglio offrirti una soluzione che nessun avvocato di immigrazione ha mai dato fino a ora, e quindi darti la garanzia di aver investito al meglio il denaro speso per ottenere il visto.

Quando ho applicato per il mio primo visto nel 2012, vorrei aver avuto la certezza di riceverlo al 100%. Invece, per via dei limiti imposti dal Florida Bar, sono rimasto sulle spine fino all'ultimo momento. A un certo punto ero anche arrivato a pensare che il mio avvocato avesse commesso apposta degli errori e dei ritardi per non farmelo prendere.

Per essere chiari, nessun avvocato può garantire il risultato del suo lavoro. In termini tecnici, si dice che il lavoro di un avvocato è un'obbligazione di mezzi, e non un'obbligazione di risultato.

Questo vuol dire che l'avvocato promette di impegnarsi a lavorare, ma non che il suo lavoro produca i frutti sperati.

In primis, questo succede perché è impossibile prevedere il risultato, visto che la decisione finale spetta a un terzo e non all'avvocato stesso.

Nel diritto dell'immigrazione questo è frustrante per tutti, i clienti e gli avvocati. Infatti, in un tribunale a decidere il risultato è un giudice, che ha studiato tanto quanto – se non di più di – un avvocato. Invece, nel processo di immigrazione, a rivedere le pratiche di visto sono ufficiali governativi ai quali a volte non è richiesta nemmeno una laurea per ricoprire la posizione.

In secondo luogo, le regole di deontologia professionale (c.d. Professional Rules) impediscono espressamente a un avvocato di promettere un risultato. Ovvero, un avvocato non può promettere al cliente che vincerà la causa, che otterrà un certo risarcimento, o che otterrà il visto al 100%.

Anche nel pubblicizzarsi, secondo le regole professionali un avvocato non può fare dichiarazioni che promettono un risultato specifico o prevedono il successo in una questione legale, perché sono considerate fuorvianti.

Alcuni esempi di dichiarazioni considerate inammissibili sono: «Salverò la tua casa», «Posso salvare la tua proprietà», «Ti farò avere soldi per i tuoi danni» o «Vieni da me per essere assolto dalle accuse pendenti contro di te».

Al contrario, la maggior parte degli avvocati include nella lettera d'incarico un espresso scarico di responsabilità, che di solito recita qualcosa tipo: «Non si garantisce in nessun modo il risultato ottenuto».

Sono invece generalmente ammissibili le dichiarazioni relative al processo legale e non a un risultato specifico. Ad esempio, una dichiarazione che l'avvocato o lo studio legale proteggerà i diritti del cliente, i beni del cliente o la famiglia del cliente, sarebbe considerata ammissibile se non promette uno specifico risultato legale in una questione particolare.

Poiché io sono dell'idea che sia necessario offrire un'esperienza eccezionale ai clienti, e rassicurarli sul fatto che abbiano fatto un buon investimento nella scelta dell'avvocato, ho iniziato a studiare quale fosse il modo migliore per garantire non l'ottenimento del risultato, ma la certezza che se non ottengono il risultato auspicato con il loro investimento riavranno indietro i loro soldi.

Per me questo significa garantire le persone che mi hanno assunto e che mi hanno dato fiducia. Ho imparato questa grande lezione lavorando per otto anni insieme al mio mentore, Paul Finizio, che da oltre quarant'anni lavora nel settore delle cause civili di risarcimento del danno.

Paul, che segue la maggior parte dei miei casi di contenzioso, offre una formula "a successo". In questi casi, il nostro studio guadagna solamente quando riesce a ottenere il risarcimento desiderato dal cliente, e l'ammontare totale dell'onorario è di solito una percentuale di quanto recuperato.

Attraverso questa struttura si crea un rapporto di estrema fiducia tra l'avvocato e il cliente. Quest'ultimo, infatti, ha tutto da guadagnare e nulla da perdere. Il risultato è una sorta di partnership in cui entrambi partecipano al risultato finale. Ovviamente, per poter accettare una simile soluzione l'avvocato deve essere sicuro di poter vincere.

Con questo sistema abbiamo rappresentato molte vittime di incidenti, ottenendo risarcimenti milionari senza che il cliente dovesse rischiare di affrontare onerose spese legali senza tuttavia risolvere il suo caso.

Questo modello funziona molto bene anche fuori dagli USA. Infatti, abbiamo rappresentato molti clienti in Europa e Sud America e tutti si sentono più tranquilli sapendo di avere un avvocato che ha una fiducia nelle proprie capacità tale da fargli rischiare la sua parcella.

Come è possibile dare questo tipo di servizio? Innanzitutto dobbiamo essere sicuri che il caso sia meritevole. Poi, che siamo in grado di portarlo avanti. Infine, che il risultato dipenda solo dal nostro operato e non da cause terze.

Proprio grazie a questa ispirazione, ho inventato la formula che ha dato il nome a questo libro, "Visto Assicurato". La formula è molto semplice, e in realtà non si tratta di una garanzia sul risultato, bensì di una specie di assicurazione.

Hai presente le assicurazioni offerte dalle compagnie aeree o dalle agenzie di viaggi? Queste offrono di rimborsarti il prezzo del biglietto in caso di cancellazione del viaggio, al costo di un piccolo sovrapprezzo sul costo del biglietto.

Allo stesso modo, io ho iniziato a offrire ai miei clienti di restituire loro le spese legali affrontate qualora non avessero ottenuto il visto, oppure di ripresentare gratuitamente la richiesta di visto fino al raggiungimento del risultato. Una specie di garanzia "Soddisfatti o rimborsati".

Sebbene questa garanzia non può darti la certezza che otterrai il visto, almeno può farti stare davvero tranquillo che non avrai nulla da perdere nell'affidarti al nostro studio.

Se in caso di insuccesso ti restituiamo le spese legali pagate per il visto, puoi stare certo che ce la metteremo tutta per farti ottenere il risultato desiderato. Infatti, a nessuno piace lavorare gratis. Ma se riusciamo a farti avere quello che vuoi, siamo sicuri di aver meritato ogni singolo centesimo della nostra parcella.

Quando questo libro è stato concepito, nel febbraio 2019, nessun altro avvocato aveva mai offerto questo tipo di garanzia. Molti dei nostri colleghi preferiscono farsi concorrenza sul prezzo, continuando a ridurre gli onorari per attirare i clienti interessati a risparmiare.

Tuttavia, ho notato che gli avvocati che riducono troppo i prezzi tendono a non spendere molto tempo su un caso, perché riducendo i loro margini hanno bisogno di prendere altro lavoro spesso finendo sommersi da troppi casi poco pagati.

Allora ho deciso – pur mantenendo costi competitivi – di concentrarmi su come migliorare l'esperienza del cliente e di offrire un servizio unico, per far sentire i clienti in una botte di ferro.

Ovviamente, da buon imprenditore, non offrirei mai questa assicurazione se non fossi completamente sicuro di poter ottenere il risultato, in quanto rischierei non solo di lavorare gratis ma di perdere molti soldi e soprattutto la mia reputazione.

Per questo, il capitolo che stai leggendo nasce dalla sicurezza data dal mio record di approvazione. Infatti, da quando ho iniziato a lavorare come avvocato nel 2011, ho seguito centinaia di casi, con una percentuale di approvazione del 100% sui visti da investitore, e su tutte le altre categorie di visti in cui mi sono specializzato.

E allora entriamo nei dettagli. Come funziona questa formula? È molto semplice. Innanzitutto, come in ogni pratica legale, occorre valutare il caso con un'analisi accurata della sussistenza dei requisiti e quindi della possibilità di approvazione.

Per fare questo, ogni caso che mi viene sottoposto viene analizzato da diversi avvocati esperti di immigrazione durante una consulenza dedicata. Se decidiamo per la fattibilità del caso, sarà possibile assicurare il caso.

Una volta stabilito che ci sono i presupposti per vincere il caso, e stipulato il contratto soddisfatto o rimborsato, iniziamo a lavorare per presentare la domanda.

Qualora il visto venga rifiutato per qualsiasi causa (salvo ovviamente in caso di false dichiarazioni del cliente, proprio come in un vero e proprio contratto di assicurazione, il cliente avrà diritto alla restituzione dei soldi versati per le spese legali – o alla ripresentazione della pratica senza ulteriori costi aggiuntivi.

Tu non ti sentiresti più tranquillo sapendo che il tuo avvocato è disposto a farsi pagare solo in caso di esito positivo della tua pratica?

Sono sicuro che presto o tardi questo sistema diventerà lo standard di questa industria, in quanto i clienti avranno sempre di più l'interesse a non rischiare di pagare il lavoro di un avvocato incapace, e inizieranno a testarne la fiducia nelle proprie capacità sin dal primo momento.

Infatti, ho sempre ritenuto giusta la richiesta dei miei clienti di condizionare il pagamento della parcella all'approvazione del visto. Solo che fino a oggi non avevo mai trovato il modo di offrire loro questa garanzia. Da oggi, non posso immaginare una maniera diversa di offrire i miei servizi di immigrazione.

Ma quanto è difficile ottenere il visto?

Oggi la convinzione generale è che l'elezione di Donald Trump abbia reso più difficile il processo di immigrazione. In realtà, Trump non ha stravolto quasi nulla del sistema esistente. Invece, il Presidente in carica sta semplicemente sollecitando gli uffici ad applicare più rigorosamente le norme già in vigore.

Questo si traduce in un più severo controllo delle procedure previste per l'accoglienza e l'applicazione di sanzioni che possono arrivare all'espulsione e al divieto di rientro per diversi anni, per chi non abbia rispettato queste regole. Per chi invece le regole le ha rispettate, non ci sono problemi a entrare e a rimanere legalmente negli Stati Uniti.

Anzi, i processi di richiesta e approvazione delle tipologie di visto che abbiamo analizzato nel capitolo 2 stanno diventando sempre più rapidi ed efficaci.

RIEPILOGO DEL CAPITOLO 6:

- SEGRETO n. 1: Gli avvocati non possono garantire un risultato specifico, ma solo fare dichiarazioni sul processo in generale.

- SEGRETO n. 2: Solo un avvocato che è sicuro di aver un buon caso e che il risultato dipenda solo dal suo lavoro potrà darti una garanzia del tipo "soddisfatto o rimborsato".

- SEGRETO n. 3. Un avvocato che è sicuro di vincere non avrà problemi a farsi pagare solo in caso di successo. Chiedi sempre di essere assicurato.

Conclusione

Siamo arrivati alla fine del nostro viaggio. Spero che a questo punto sei riuscito a capire quante possibilità puoi avere a tua disposizione per raggiungere il tuo obiettivo di trasferirti negli Stati Uniti per vivere e lavorare.

Abbiamo imparato quali sono le maniere per ottenere un visto per gli USA attraverso la famiglia, il lavoro, o un investimento. Abbiamo brevemente elencato tutti i visti disponibili nel sistema migratorio degli Stati Uniti, uno dei più severi al mondo.

Abbiamo analizzato in particolare l'elenco dei visti che puoi richiedere grazie a uno sponsor americano, e che ti permetteranno di lavorare negli Stati Uniti. Ricordati che hai bisogno di uno sponsor, di un lavoro qualificato, e di un curriculum adatto al lavoro che dovrai venire a svolgere.

Ci siamo poi focalizzati sui visti da investitore, che sono quelli che ti consentono di ricevere un visto pur mantenendo la tua indipendenza da eventuali sponsor e datori di lavoro.

Ora dovresti sapere esattamente di quanti soldi hai bisogno e di quali sono le considerazioni da fare per scegliere un buon investimento, e come scegliere l'investimento giusto che potrebbe consentirti di ricevere il visto – oltre che una rendita finanziaria legata allo svolgimento dell'attività.

Hai imparato come scegliere un buon professionista, e come cercare di stare alla larga da persone poco qualificate o ancora peggio dai truffatori.

Poi, hai conosciuto molte delle storie reali di persone che – come noi – sognavano di venire a vivere in America e sono riuscite a raggiungere il loro obiettivo.

Infine, se hai letto l'ultimo capitolo, sai di avere a disposizione un'assicurazione unica mai offerta da nessun avvocato, e hai anche un ulteriore strumento per capire se il professionista che hai davanti è davvero sicuro di riuscire a vincere il tuo caso.

A ogni modo, se vuoi contattarmi, ti invito a farlo sui social o ancora meglio sul sito www.vistoassicurato.com, dove troverai tutte le informazioni ancora più specifiche riguardo la tua situazione.

Spero che questo breve viaggio ti sia piaciuto, e che magari il prossimo avremo modo di affrontarlo insieme, chissà proprio verso gli Stati Uniti d'America.

Ringraziamenti

Questo libro non sarebbe mai nato senza l'aiuto di queste persone, alle quali voglio dedicarlo insieme alla mia più grande gratitudine.

A Marina e Valentino, per avermi tirato fuori dalla faretra e scoccato così lontano.

A Silvia, la migliore sorella che potesse capitarmi.

A Paul Finizio, per avermi aperto le porte dell'America.

A Larry Behar, per avermi aiutato ad ottenere la carta verde e per avermi consigliato di scrivere questo libro tanti anni fa.

A Chris Salamone, grande mentore, partner e room-mate.

Ad Alfio Bardolla, grazie al quale è nato questo libro durante un Wake Up Call.

A Federico Maria Ionta, per avermi insegnato tutto quello che so nel real estate.

Ad Antonio Roca, per aver creduto in me e per continuare a tenermi al riparo dai rischi.

A Giorgio Rosati, per supportarmi e sopportarmi ogni giorno nelle sfide della professione.

A Sergio e Barbara Salani, che insieme a *Carlos* hanno reso la mia vita in USA molto più orecchiabile.

A Claudio Ciaravolo e Olimpia Pratesi, che mi hanno insegnato tanto sulla creatività e sulla felicità.

A Salvatore Leggiero, per avermi insegnato a pensare in grande.

A Grant Cardone, per avermi fatto pensare 10X più in grande.

www.ingramcontent.com/pod-product-compliance
Lightning Source LLC
Chambersburg PA
CBHW071605200326
41519CB00021BB/6878

Hai mai pensato di trasferirti in America o magari di lavorare a New York, di lanciare una start-up nella Silicon Valley oppure di investire nel ramo immobiliare a Miami?

Sicuramente l'attuale staticità politico-economica del nostro Paese spinge persone di ogni tipo a prendere in considerazione l'idea di partire alla volta dell'America. Gli U.S.A sono infatti diventati il Paese che, più di ogni altro, offre opportunità di ogni tipo a chi decide di investire soldi, tempo ed energie all'interno del suolo americano.

Tuttavia, per poter vivere o lavorare negli Stati Uniti il primo scoglio che tutti devono affrontare – dallo studente indeciso sul proprio futuro, all'imprenditore che sta internazionalizzando la propria azienda – è sicuramente quello del visto. Ogni anno gli U.S.A accolgono circa 1.000.000 di persone da ogni parte del mondo. Come forse già saprai, la legge sull'immigrazione è molto severa e per poter entrare bisogna rispettarla alla perfezione.

Come fare quindi per trasferirsi negli Stati Uniti senza alcun rischio? All'interno di questo libro, ti rivelerò le migliori strategie da adottare così da ottenere un visto in maniera perfettamente etica e legale così da realizzare finalmente il tuo sogno americano.

Valerio Spinaci è nato a Roma nel 1985. Oggi vive e lavora a Miami dove svolge la professione di avvocato d'affari. È specializzato in diritto dell'immigrazione e diritto immobiliare. Prima di laurearsi a Roma, vince una borsa di studio per andare a studiare negli USA. Si laurea in Italia e successivamente a Miami con il massimo dei voti e la lode. È il primo avvocato al mondo a passare il Bar Exam (esame per l'abilitazione alla professione di avvocato) negli Stati della Florida, New Jersey, New York, della California e in Italia. Inizia a lavorare per lo studio Finizio & Finizio a Fort Lauderdale e dopo un'esperienza in Italia presso lo studio legale internazionale HoganLovells torna negli Stati Uniti, dove collabora con gli Studi Roca Gonzalez PA e Finizio Law Group. È fondatore di Visa Clinic, studio specializzato nell'immigrazione, e presidente di Opera, società immobiliare con raggio d'azione internazionale specializzata in investimenti immobiliari in America. È anche fondatore di Talking Arts, una realtà attiva nella produzione di eventi che negli anni ha rappresentato diversi artisti internazionali e di una ONLUS che si occupa di reperire cibo e portarlo a chi ne ha bisogno. Da anni investe in start-up innovative in Europa e negli Stati Uniti.

€ 19,99

9 788861 748378